Irregular

Editora Appris Ltda.
1ª Edição - Copyright© 2020 dos autores
Direitos de Edição Reservados à Editora Appris Ltda.

Nenhuma parte desta obra poderá ser utilizada indevidamente, sem estar de acordo com a Lei n.º 9.610/98. Se incorreções forem encontradas, serão de exclusiva responsabilidade de seus organizadores. Foi realizado o Depósito Legal na Fundação Biblioteca Nacional, de acordo com as Leis n.ºs 10.994, de 14/12/2004, e 12.192, de 14/01/2010.

Catalogação na Fonte
Elaborado por: Josefina A. S. Guedes
Bibliotecária CRB 9/870

S586i
2020

Silva, Felipe Henrique Ferreira da
Irregular / Felipe Henrique Ferreira da Silva. -
1. ed. – Curitiba: Appris, 2020.
113 p. ; 21 cm. – (Artera).

ISBN 978-65-5820-101-4

1. Ficção brasileira. I. Título. II. Série.

CDD – 869.3

Livro de acordo com a normalização técnica da ABNT

Editora e Livraria Appris Ltda.
Av. Manoel Ribas, 2265 – Mercês
Curitiba/PR – CEP: 80810-002
Tel. (41) 3156 - 4731
www.editoraappris.com.br

Printed in Brazil
Impresso no Brasil

Felipe Bascope

Irregular

FICHA TÉCNICA

EDITORIAL
Augusto V. de A. Coelho
Marli Caetano
Sara C. de Andrade Coelho

COMITÊ EDITORIAL
Andréa Barbosa Gouveia (UFPR)
Jacques de Lima Ferreira (UP)
Marilda Aparecida Behrens (PUCPR)
Ana El Achkar (UNIVERSO/RJ)
Conrado Moreira Mendes (PUC-MG)
Eliete Correia dos Santos (UEPB)
Fabiano Santos (UERJ/IESP)
Francinete Fernandes de Sousa (UEPB)
Francisco Carlos Duarte (PUCPR)
Francisco de Assis (Fiam-Faam, SP, Brasil)
Juliana Reichert Assunção Tonelli (UEL)
Maria Aparecida Barbosa (USP)
Maria Helena Zamora (PUC-Rio)
Maria Margarida de Andrade (Umack)
Roque Ismael da Costa Güllich (UFFS)
Toni Reis (UFPR)
Valdomiro de Oliveira (UFPR)
Valério Brusamolin (IFPR)

ASSESSORIA EDITORIAL
Beatriz de Araújo Machado

REVISÃO
Cassandra Dittmar Debiasi

PRODUÇÃO EDITORIAL
Gabrielli Masi

DIAGRAMAÇÃO
Bruno Ferreira Nascimento

CAPA
Sheila Alves

COMUNICAÇÃO
Carlos Eduardo Pereira
Débora Nazário
Kananda Ferreira
Karla Pipolo Olegário

LIVRARIAS E EVENTOS
Estevão Misael

GERÊNCIA DE FINANÇAS
Selma Maria Fernandes do Valle

COORDENADORA COMERCIAL
Silvana Vicente

A todos os corações que parti, inclusive o meu.

Agradecimentos

Aqui está descrito todo meu amor por todas as pessoas que passaram por mim em todos os momentos da minha vida, aquelas que fizeram morada e as outras que precisaram partir. Agradeço aos meus pais, Marcia e Rimer, por sempre acreditarem em mim e nunca duvidarem das minhas escolhas, a toda a minha família pelo suporte de sempre. Também dedico este momento à família que me acolheu em muitos momentos, Luciana, Leonardo, Fernando, Guilherme e Heloisa, por me darem força para sempre continuar a caminhar e saber que tenho um lugar no mundo. A todos os meus amigos, que sempre me abraçaram e me fizeram acreditar que eu sou capaz de trilhar os caminhos que sonho. A vocês que têm um pedacinho do meu coração e que foram cruciais para que eu chegasse até aqui, Debora, Etiene, Geovana, Emerson, Andreza, André, Candido e Beatriz, obrigado por estarem comigo quando meu mundo colapsou e eu não via mais saída.

Prefácio

Quando dei por mim, estava com os textos que compõem este livro em mãos. Era hora de – mais uma vez – debruçar-me sobre a escrita apaixonante e certeira desse poeta, escritor, mente pensante e grande amigo. Antes de definir qualquer impressão sobre esta obra, preciso falar do Bascope! É, quem diria que eu estaria aqui abrindo este livro de tantas memórias pessoais e conteúdo denso. O Felipe surgiu em minha vida absolutamente do nada. Obras do acaso! Posso dizer que, entre todos os artistas que conheci, o Felipe é o que torna esse tal acaso tão bonito! A inquietação dos artistas nunca dorme dentro dele, pelo contrário, por vezes me deparei com seu olhar distante, pensando longe, absorvendo toda e qualquer movimentação ao redor. Certamente, não são em vão tais observações.

Felipe tem uma facilidade incrível de absorver o comportamento, o meio, as reações, sentimentos, amores, dissabores e aflições do coletivo e transformar em poesia. Suas palavras emanam sentimentos. Sua energia é Amor! Eu poderia facilmente escrever boas páginas falando somente de coisas boas e características únicas que tornam Felipe – para mim, Bascope, sempre Bascope – o grande ser humano que é. Porém, não quero tomar muito seu tempo, caro leitor, afinal, você deve estar ansioso – assim como fiquei quando recebi estes textos – para saborear, ou melhor, para devorar todo o conteúdo vindo da mente e do coração desse autor. Que sorte a nossa! Falando em sorte, preciso dizer: não há sorte mais bonita que o trabalho! Assim que soube de todo o início de seu trabalho já me liguei que o Felipe era um grande artista, que talvez nem mesmo soubesse disso e precisava ser "descoberto".

O mais curioso era o fato de incessantemente vê-lo trabalhando e botando a mão na massa. Felipe sempre faz muito pelo coletivo, acredita que seus textos falam apenas de si, são uma forma de resolver seus fantasmas internos. Ledo engano, Bascope! Seus textos fazem muito por nós! Você, leitor, verá nas próximas páginas a fragilidade das desilusões amorosas, que entre um texto e outro vão tornando esse autor mais dono de si. Verá que não é pecado desejar e ser desejado, ainda mais, em meio às tramas e entrelinhas que prendem a atenção e o imaginário. Ponto para o autor! Questões existenciais estão presentes em todas as páginas, ainda que indiretamente, pois conhecendo o Felipe, sei que a cada texto tem sim um pouco – muito – de si. A propósito, falar de si é uma coisa que ele faz muito bem, é impressionante ler seus textos e encontrar o brilho no olhar dos sonhadores a cada linha. A solidão é sempre dosada com uma boa história de amor.

Ora você fica compenetrado em um texto solitário, no qual há empatia com o autor, e se pega chateado, triste, até mesmo querendo consolar o dono de tais palavras, ora (curiosamente) – e aqui novamente ponto para o autor –, em outras páginas, pega-se sorridente em saber que todos os percalços o tornaram mais forte. Isso é o que podemos ver em textos como "A felicidade de ser eu", em que Bascope consegue espantar todos os fantasmas de outrora e nos abraça com suas palavras em um verdadeiro consolo dizendo que vai ficar tudo bem. Obrigado, meu amigo. Você me fez bem! A vida seguirá e novos livros virão, tenho grande orgulho em dizer que meu nome está em seu primeiro livro coletivo, tenho orgulho ainda maior de deixar meu carinho e minha admiração por você em sua primeira obra solo. A primeira de muitas, afinal, como você mesmo cita aqui neste livro, você é um livro rabiscado, tem conteúdo, precisa ser apreciado como um todo. E eu tenho certeza de que esse todo ainda tem muito a dizer. Mais uma vez: que sorte a nossa! Por fim, quero deixar bem claro que viver é um ato político. E Felipe sabe bem disso. No texto "Você não sabe como é ser preto", usa sua genialidade nesse texto autobiográfico, em que mais uma vez deixa claro a que veio. Há um texto também chamado "É triste quando acaba", e você, leitor, vai sentir a mesma coisa quando fechar a última página desta obra literária! Celebremos aqueles que acreditam na arte, celebremos a vida! Para encerrar, vou usar outro título de texto: "É, eu te amo!"

A arte respira.

André Leal

Cantor e compositor da banda Atemporal Arte

Sumário

Sufocado 15

Descartado 16

Passos para a escuridão 17

Queimando por dentro........... 18

Resquícios de um rolê........... 19

Além dessa vida 20

O acidente mais bonito........... 21

Caindo em tentação............. 22

É sobre você..................... 23

Eu não gosto mais de você....... 24

Ampulheta da vida 25

Se não agrega, nem carrega....... 26

O silêncio em minhas palavras... 27

A Libriana....................... 29

Livro rabiscado 30

Sozinho 31

Foda Rotineira 32

O Ápice da crise................. 33

Editando..... 34

Tão cruel 35

Eu gostaria de dizer,
mas não consigo................. 36

A felicidade de ser eu........... 37

É, eu te amo 39

Meu caminho junto ao teu 40

Massa de modelar............... 41

"Black Mirror"
fora de suas telas 43

A singularidade
que há no filósofo 44

A conta dos copos e dos corpos.... 45

Você não sabe como é ser preto.... 46

Manuscritos de Bar 48

Coração fita..................... 49

A veia que pulsa 50

Desconhecidos 51

Ser indecisão.................... 52

Combustão...................... 53

Enlace.......................... 54

Peito Farol...................... 55

Entre doses e tragos de você...... 56

Lembrança 57

Azeitonas....................... 58

Meu tempo...................... 60

Morrer de amor................. 61

No tempo 62

Ei você 63

Você topa? 64

Olhos de ressaca 66

Primeira última vez 67

Troca de pele 68

Nunca foi amor 69

Os clichês em você 70

Como lidar com
a liberdade que ficou? 72

E, mais uma vez,
eu escrevo sobre o amor 73

Tentando 74

A liberdade e o caos 75

Sou seu 76

Aquela velha história
sobre pertencer 77

Dengo 78

Embaçado 79

Guerra de corações partidos 81

Quero tanta coisa com você 82

Enfrentando as batalhas diárias . . . 83

Pra você 85

A jornada do amor 87

Para meu futuro amor 88

Seguindo em frente 90

A você que se foi 91

Calendário 92

Fim ou recomeço? 93

Atrás dessas paredes 94

Corpo 95

Confusão 96

Salsa na horizontal 98

O segredo que o tempo
tem a nos dizer 100

Tragando minha
vontade de você 101

O deleite de estar sozinho 102

Fui nó(s), sem laço 103

Meu arsenal de clichês 104

Não sou 106

O silêncio na escuridão 107

Nuances do amor 108

Teus dizeres que
tomam conta de mim 109

A sinfonia do amor 110

As correntes do tempo 111

É triste quando acaba 112

Sufocado

E o seu amor parece tão desgastante, tão desgastado. Suas arestas tão bem polidas são como lâminas afiadas cortando minha pele com toda a força possível. Suas mãos geladas gelam tudo que toca inclusive meu tão quente coração. Em torno de meu pescoço seus dedos deixam suas marcas. Cada centímetro de suas unhas deixa uma profunda marca, não apenas em minha pele, mas também em minha alma. Após me deixar, morto por dentro, sinto-me sujo e inútil. Como um brinquedo sem uma parte. As luzes parecem não fazer efeito hoje, dentro de mim uma escuridão estarrecedora habita. Eu gostaria de ser quem você nunca teve, gostaria de arrancar minha pele e vestir outra que lhe agradasse ou que fosse socialmente aceita. E eu mesmo me perdi na minha história, deixando que você fosse o protagonista, guiando-me por seu caminho.

Descartado

E você está fumando minha última respiração e me estraçalhando em pedaços. Entreguei tudo que tinha e você me deixou no chão como se eu fosse mais uma de suas roupas usadas, que já não lhe serve. Sou mais uma piada que seus amigos deram risadas, mais uma carta descartada do baralho. Nunca importou o amor, pois isso tudo sempre foi um jogo pra você.

Passos para a escuridão

O primeiro comprimido e eu nem achava que teria coragem de fazer isso. No segundo eu já sentia uma dor imensa e eu sabia que eu deveria encará-la. Com o terceiro, eu sabia o caminho que eu estava seguindo e nem sabia se era isso mesmo que eu queria. No quarto, as lágrimas aumentaram seu fluxo, eu só queria deitar no chão e fazer tudo desaparecer. No quinto, eu já não tinha mais noção de nada, minha vida e vontade de viver escorriam por meus braços. Com o sexto e último, eu selava um contrato, onde a multa era alta demais para pagar. O enjoo veio e eu queria me vomitar de dentro de mim. Dali pra frente, a escuridão tomou conta de meus olhos e eu só queria que esse remédio me derrubasse.

Queimando por dentro

Quantas das nossas histórias podemos contar para outras pessoas? Vivemos o inferno em vida. Nosso amor nada mais é que a fome com a vontade de comer. Sua fome por corpos e minha necessidade de estar próximo a alguém. O álcool queima por dentro nos fazendo nossas piores facetas, o mais perigoso que há em nós. Você tem medo dos monstros que vivem aí dentro?

Resquícios de um rolê

Preciso ser sincero, dentro de toda essa baboseira. Eu não te amo não de um jeito romântico. Eu poderia ficar com você todo dia, seu abraço me conforta e me aconchega. Dormir ao seu lado me faz pensar em infinitas opções, nossos corpos se encaixam de forma genuína, tua mão é tão grande quanto a minha. Seu cheiro ficou preso em mim. Cada canto dessa casa tem algo seu. Meu corpo estremece a cada momento que penso em você, me arrepio dos pés a cabeça ao pensar em nosso primeiro e único beijo. Você me fez entender sobre muitos de meus desejos. Eu desejo teu corpo sobre o meu mais uma vez, quero beber da tua boca mais uma vez, quero fazer coisas estúpidas com você. Você é a porra do caos que eu precisava. Vem mais uma vez e sacode meu mundo, me faça desejar ficar mais uma noite. Se você ler isso, saiba que sim, é sobre você. Eu ainda quero te beijar de novo.

Além dessa vida

Eu atravessei um mar de gente pra te encontrar e eu sei que você também fez isso, mas nesta noite é só eu, você e essas teorias que a gente cria aqui. Lá fora a lua ilumina a cidade, aqui dentro seu amor me mantém quente e acima de tudo firme. Eu acho que os motivos para te amar vão além de todo esse romance que a gente vive nesse nosso mundinho, vai além desse toque suave que tua pele tem, além de todas as músicas que a gente ouve juntos. Nosso amor é conexão imediata, é rir sobre minhas piadas ruins que sempre dão errado, é experimentar novas coisas e descobrir o que é sexo tântrico enquanto penso em repetir o risoto que ficou sobre o fogão. Seu amor é livre, sem julgamentos, é gostoso te amar, não dói. Se alguém me perguntar se essa é mais uma das minhas declarações para você, eu nego, mas meu coração sempre vai saber que isso foi escrito para lhe dizer que talvez eu te ame além dessa vida.

O acidente mais bonito

E eu estou colecionando mais uma daquelas histórias sem fim, mais uma daquelas que parece um acidente de trem. Foi tudo tão rápido, a gente chegou a um ponto bem próximo do abismo, sei que o chão pode ser bem frio, mas seu abraço sempre me manteve quente. Essa situação é mais um daqueles momentos que chamamos de "surto coletivo", onde a gente vive algo que mais parece um devaneio que a realidade. O universo nos mandou sinais, o frio na minha barriga, tua mão em meu corpo gelado, teus lábios com gosto de sorvete de céu azul, me levaram ao paraíso que mora em teu peito. Talvez eu morra hoje ou quem sabe amanhã, mas sei que se existe outra vida, espero que nossos mundos colidam e que possamos construir uma constelação com nossas histórias.

Caindo em tentação

É perigosa a forma que te desejo.

O álcool ocupa cada parcela de culpa em meu corpo. Deixa-me impulsivo, quero te tocar. Tua boca é tão proibida quanto o fruto do Éden, pois ela parece ter vindo do paraíso. Deixa-me provar do néctar que de ti escorre, preencha meu corpo com teu prazer e me faça arder, em amor. A excitação de tudo ser tão proibido me faz te querer mais. Estou caindo em tentação, me segure e me prenda em seus braços, amor é tão simples.

É sobre você

A gente nunca encaixou, nem sei de onde eu tirei essa ideia idiota. Acho que a luz que refletia de mim lhe fazia parecer tão angelical e eu só conseguia pensar nas coisas lindas que eu via em você, na verdade que eu me forçava a ver. Questionar-me por todos os motivos de alguém tão especial como você não me querer me destruiu por tanto tempo e você nem era tudo isso. Seu português me irritava de uma forma bizarra, suas piadas machistas e ultrapassadas me enojavam e mesmo assim eu ficava ali. "Que belo par de olhos verdes" eu pensava e no final das contas você era mesmo um belo feriado no domingo. Talvez um pote de sorvete cheio de feijão, estragado. Não sou GPS e juro que não vou encontrar uma rota de volta, daqui pra frente o caminho será bem diferente.

Eu não gosto mais de você

Eu mudei alguns hábitos, mas alguns eu sou apegado demais para tentar transformá-los. Eu continuo dormindo tarde e acordando atrasado para pegar o ônibus. Almoço correndo e vivo sempre correndo. Talvez minha alimentação esteja melhor ou só um pouco menos saturada de porcarias. Falando em porcarias, deixei algumas coisas pra trás, tipo aquele macacão que já não servia direito em mim e aquela camiseta, nem preciso mencionar sobre ela aqui, com mais furos do que esse último coração que você partiu. Eu ainda bebo muito café, nunca pela manhã, mas minha ansiedade aprendeu quem manda nessa história. Estou tentando observar as coisas lindas que já produzi e agora tenho certeza que eu faço coisas lindas. Minhas gavetas ficaram organizadas por pelo menos uma semana esse ano, mas já bati o recorde de vezes que limpei a casa. Sabe acho que cresci mais que eu esperava depois dessa devastação que foi ficar ao seu lado por tanto tempo. Sou muito grato por tudo que passamos, eu te amo imensamente, mas eu não gosto mais de você.

Ampulheta da vida

Ele se sentia invisível, diante de tantos olhos que olhavam para ele, mas não o enxergavam. Perdido dentro de um labirinto de pensamentos, um emaranhado de confusões, seguindo as vozes de sua cabeça, regozijava de uma glória de solitude. E depois de tanto ser só, virou parte das areias de um deserto chamado tempo.

Se não agrega, nem carrega

Esquece essa mala, o peso dela já não lhe pertence. Abraça o que é seu, teu eu, o mundo é grande demais pra gente sofrer por quem não quer nem dar um rolê. Antes de estar com alguém, a gente tem que aprender a estar só. E só, não deve ser motivo de tristeza. O mundo é um festival lotado que a gente se perde dos amigos e fica vivendo a experiência de estar ali, sozinho, vendo o tanto de gente incrível que existe. Não se engane, não entre em mais um curto-circuito, não dê pane de novo. Corre desse tipo de coisa que te prende que não te move que não te agrega e só te fode (e nem é de um jeito bom). Abre esse vinho, tome coragem pra cortar seu cabelo. Seja a leveza da brisa da madrugada.

O silêncio em minhas palavras

Eu sou solidão,
sou caos,
vulcão em erupção.

Eu me afasto pra não causar danos,
aos que nada podem fazer pra mudar.

A condição humana de constante mudança,
pressão, sucção, abruptamente de ti é arrancado.

Em mim um colapso acontece,
em meus olhos você consegue ver a luta em meu ser.

Por cada rachadura de meu corpo,
meus mais sombrios medos
saem pra brincar.

E durante a noite meus fantasmas me assombram,
com seus planos tão assustadores,
minha mente em círculo girar.

Como lutar contra o que você não vê?
Como cessar uma sede que é insaciável?

A vista não é bonita daqui,
é escuro e em nenhum lugar minha mão consegue alcançar.

Eu não sei como falar,
não há palavras que possam explicar a confusão que é estar
dentro de mim.

A Libriana

Ela é assim, feito café bem quente pela manhã, tem que soprar bastante antes de provar e ainda assim queima a língua. Ela é paixão de verão, por vezes passageira, mas se ela quiser pode ser todas as outras estações depende do que tu oferecer. É furacão em meio à calmaria, é grito quando o silêncio cala, e a voz embarga dentro da garganta. Ela é "vambora fazendo", mas também é "hoje não Faro", é um humor de lua e passa por todas as fases, em um dia, às vezes em uma hora. É a personificação do "Deus me livre, mas quem me dera", quero agora, mas já não quero mais. É indecisão, é equilíbrio totalmente desequilibrado. Ela não é nem tão doce e nem tão salgada, ela é agridoce pra cativar teu gosto e pra gostar tem que experimentar esse banquete que é ela toda.

Livro rabiscado

Eu não sou uma capa de revista. Sou um livro completo, tenho conteúdo. Não julgue minhas partes isoladamente, sou uma obra de arte, preciso de tempo para ser compreendido.

Já fui banido aos olhos. Censurado aos menores (de mente). Odiado pelos meninos.

Posso ser uma história toda rebuscada ou mais um texto clichê, na cabeceira de sua cama. Sou aquele livro que muitos leem à surdina da noite, por medo de julgamentos. Em mãos corajosas sou visto como ousadia e resistência. Sou livro riscado, rasgado, lido por muitos, compreendido por poucos, sou a novidade mais antiga do mundo. O veneno mais doce que você já provou.

Sozinho

Quando estive/estou contigo, me faço seu. Não seu de pertencimento, seu para lhe ouvir, para lhe falar, te sentir e tocar. Coloquei-me ali. Mas em lugar nenhum dessa história está escrito, que amarrado ao teu corpo e que de papel passado fui entregue a ti. Não me apegue e não me pegue, pois não tenho dono. Não me diga que me ama, pois serei incapaz de responder o que você deseja ouvir. Meus caminhos já foram rosa e por muitos outros apenas espinhos, ainda estou no meu descobrimento de como será essa caminhada. Desculpa, nunca foi minha intenção te magoar, mas eu não vim aqui superar nenhuma expectativa. Eu não sou teu calor em um dia frio. Seu contato de noite de rolê. Eu prefiro muitas vezes andar/estar sozinho. Não sei pronde vou, mas sei que vou.

Foda Rotineira

As roupas no chão. O quarto fumacê.
O lençol amarrado envolto em seu corpo, as provas de mais uma aventura amarga. Arrependo-me e entendo que minhas escolhas jamais farão sentido. Elas repetem padrões. Inalcançáveis. Sorriso arrebatador, mãos grandes, baby face, cara de quem vai destruir minha vida e beijo, o beijo que suga tudo de bom que há, na primeira vez.
Na minha cabeça tudo parece tão certo, como dois mais dois são cinco. Suas investidas tão iguais, músicas cafonas e vodca de sete reais, um cigarro à meia-noite e nada mais.

O Ápice da crise

São 3h30 da manhã, estou lhe contando segredos que jamais achei que contaria a alguém. Você me faz sentir seguro em suas mãos.

Meu corpo se esvaece em ansiedade, minhas lágrimas feito cachoeira descem sob minha pele alcançando meu colchão, minha cabeça queima em brasa, meus pensamentos gritam mais alto que os batimentos de meu coração.

Seguro meu cabelo com as duas mãos, tento ouvir sua voz em meio a mais um de meus surtos, até quando você vai aguentar essa corda que parece estar ruindo? Eu ainda sou aquele que você ama e admira?

Meus monstros consomem minhas últimas esperanças, eu não tenho mais jeito.

Me abrace forte, me diga que vai ficar tudo bem, me deite em seus braços e acalente meu sono.

São 5h00, não consigo achar meu caminho de volta, fui tão longe que me perdi de você.

Minhas forças já não existem, parece tão fácil quando olham de fora, mas por dentro é só um labirinto de coisas. Há tanta coisa confusa, quando vou voltar ao que um dia foi o que era eu?

Editando...

Eu gostaria de me despir de mim. Arrancar minha pele, como uma roupa que não serve mais. Com um simples toque, retocar o que em mim habita. Fingir uma felicidade, ao lado de um mar esplêndido, sol escaldante e a areia salgada. Luzes que piscam na noite, que não me deixam dormir. Um pouco de maquiagem aqui. Como posso parecer mais magro? A mão foi tão longe que me perdi, toda a beleza morreu. Apodreci-me nos padrões, me encontrei cercado de *likes* e sem conteúdo algum. Como um balão inflado, cheio de ar, nada para acrescentar. Nesse zoológico, podemos ver nossas diversas personalidades em seu *habitat* natural.

Tão cruel

Noites mal dormidas, pensando em um presente que mal pode tocar-me as mãos. Deitado em sua cama lhe observo, a fumaça que exala de ti, me entorpece e me envolve, em um mar de alucinações. Teu sorriso ilumina o escuro de teu quarto. Tua pele sedenta toca a minha. O adocicado de tua voz acalenta minha mente.

Eu adormeceria em teus braços se o futuro não fosse tão incerto. O medo de lhe perder me revira a cabeça, mas eu nunca nem lhe tive.

Me olha, me nota, me toca, me acende, me faça dizer coisas que eu nunca disse. Fuma um cigarro comigo. Vamos beber mais essa cerveja e fingir que o mundo fora de nossos corpos não é cruel.

Eu gostaria de dizer, mas não consigo

É como se o mundo se colorisse após cada sorriso seu. Tudo se encheu de graça, depois do seu abraço encontrar o meu. Tuas rimas tão bem colocadas e esse teu violão, cheio de marra. Teu cheiro inebriante que se funde com o das flores mais cheirosas que há. Você é essa fala rápida e certeira. Você é sol quentinho da manhã, que aquece a alma. Você é beijo roubado, que pega a gente de surpresa e rouba o querer. Você é você, não tem ninguém melhor do que você pra fazer esse papel.

A felicidade de ser eu

Comecei pelos cachos, eles cresceram e se enrolaram no topo da minha cabeça, pretos como a noite. Fui amando cada um deles, por suas ondas, pelo seu desenho, pela forma como ficava lindo bagunçado.

Depois fui para o negro dos meus olhos, profundos e cheios de dizeres, é como olhar para um poço sem fundo. Fixar os olhos nos meus é encontrar uma infinidade de coisas que há dentro de um mundo que é só meu.

Minha boca, com toda sua expressividade, rápida em algumas respostas. Não muito feliz em outras. Onde tudo começou, no meu falar, que depois de tempos a minha fala virou texto.

Meu nariz grande que caracteriza esse povo a quem pertenço, às vezes ele fica avermelhado para dar alegria a outras pessoas.

Meu rosto que abriga todas essas coisas, hoje redondinho, com bochechas grandes, daquelas que a tia gosta de apertar, com cada pinta e marca de expressão, que me fazem ser quem sou.

Meus braços, sempre desajeitados, onde passo esbarro em algo. Pernas grandes, sempre andando rápido demais, às vezes nem tanto. Às vezes não cabem no assento do ônibus, o que pode ser chato em muitos momentos, mas sei que faz bem pra minha coluna, será que faz mesmo?

Esse corpo, que passou por tantas transformações, magro, cheinho, fura aqui, mexe ali e por assim caminhamos até o dia de hoje.

Porém, hoje isso tudo é o que me abraça e é o que eu abraço de volta e assim me faço eu. Com falhas, com erros, com jeitos que são só meus e que eu amo, desde o cachinho dos meus cabelos até o tortinho do meu dedão.

Ser eu me faz mais feliz e faz com que o mundo dentro de mim seja mais colorido.

É, eu te amo

Se nós fizéssemos algo inimaginável hoje?

Passa em casa e me leva pra ver o mundo contigo, coloca aquela playlist velha que tu tem, me toca onde ninguém jamais tocou. Ame-me como ninguém jamais amou, diga que não gosta de Anavitoria e depois faça amor comigo ouvindo "Dói sem tanto", sussurra que me ama pra esse nosso segredo o vento não arrastar.

Cola tua mão na minha, me faça acreditar que elas foram feitas para se encaixar.

Vamos mudar pra Santos, viver na praia, me deixa ver esse teu tom de pele mudar. Água salgada do mar pode levar todas as mágoas que a gente já deixou pra trás. Vem rápido, não se demora não. Vamos planejar uma viagem pelo mundo, descobrir que podemos nos amar por todos os cantos.

Tu és esse mistério que eu quero desvendar.

Tu és esse abraço que eu quero morar.

Tu és essa boca que quero em mim.

Tu és, e eu sei que é todo meu.

Meu caminho junto ao teu

Sai desse teu mundo, vem cá pega na minha mão. Se joga nessa comigo, vem morar nas minhas manhãs de domingo e nas outras também. Vem se demorar no vapor d'água quente desse chuveiro, se deixa deitar e ser parte dessa minha vida, bagunçada, eu sei.

Deixa o calor de teu corpo na minha cama, teu perfume nas minhas roupas e teu gosto em minha boca.

Vem e não demora não, menino teu sorriso me faz querer escrever mais uma canção. Essa tua chama, esse teu olhar, só faz com que meu coração queira te amar.

Nessa festa de estar junto de ti, na nossa dança de quem não sabe o que faz, mas que está disposto a aprender.

Enquanto esse vento está soprando em nossas janelas, vamos fazer planos pra hoje, quem sabe o que será de amanhã?

Se esse for nosso momento, a gente vai agarrar?

Massa de modelar

Massa de modelar.
Feita para ser oca.
Dentro é colocado o que desejam.
Qual é a tua presa?
Há uma pressa no teu eliminar.
Você entende pouco de eleição (ou quase nada).
Mas se acha um sabichão na hora de berrar.
Defende cegamente um governo,
Que lhe faz acreditar.
Que com a arma na mão,
Você detém sua proteção.

Massa de modelar.
Como em ti a doutrinação nunca chegou?
Os comunistas não conseguiram te alienar?
Você entende tão pouco de educação.
Mas grita suas preferências.
Doa a quem doer,

Morra quem morrer.

Massa de modelar.
Na mão dos espertos,
Você nem percebe,
Mas a arma aprovada para matar
Foi você.

"Black Mirror" fora de suas telas

Uns gritam alto o suficiente para serem ouvidos,
Porém se uma voz tenta alcançar, logo é calada.
A liberdade acima de tudo, a minha verdade acima de todos.
O amor e a educação são o caminho para a paz,
Mas a minha vontade prevalece quando a escolha deve
ser feita.
Acredito que a igualdade precisa existir,
Quando ela é benéfica a mim e aos meus.
Democracia é esbravejada aos quatro cantos,
Mas ela oprime, agride e mata.
Esquerda ou direita você tem que seguir um lado.
Ficar parado não é uma opção!
Você não faz parte do movimento?
Então, mova-se.
O olho que olha, julga.
A mão que digita, estapeia.
O coração que diz amar grita para calar.
Assista a degradação do ser.

A singularidade que há no filósofo

Singularidade rompe a rotina.

Seguindo o caminho de toda manhã, fazer da mesma forma que fez ontem, mente programada para seguir coordenadas, mas nunca para coordenar.

Teus desenhos escondidos embaixo da cama, perdidos na imensidão do medo da aprovação. Fora do padrão, não.

Deitado em sua cama, tenta entender, onde foi que perdeu o rumo que lhe foi dado, o pensar é subestimado. Melhor seguir e curtir. Criação em massa lhe faz calar a desenvoltura do seu traço pessoal.

A singularidade rompe a rotina de ser mais um em meio a essa massa de gente que não sabe filosofar.

A conta dos copos e dos corpos

O álcool entra e a coragem toma conta do meu corpo. Um copo. Dois copos. Três copos. Lá se foi o resto de dignidade que havia em mim. Uma boca. Duas bocas. Três bocas. Assim seguimos a noite e contando, cada corpo que toca em mim, me faz sentir menos real. Não sinto mais nada. Não consigo beijar e sentir meu corpo estremecer como antes. Não sei o seu nome e se eu soubesse, no final da noite eu não lembraria. Meu problema sempre foi a intensidade e agora é a falta dela!

Você não sabe como é ser preto

Você não sabe como é ser preto.

Com essas suas tranças e seus lenços na cabeça.

Não, você não sabe como é.

Ser rebaixado e diminuído, por uma gente que era para estar ao teu lado.

Você não sabe como é ser preto, mano.

Ser seguido e perseguido, por ter a pele escura.

Macaco, Tição, Gorila, Neguinho, Favelado e muitos outros nomes.

Não, você não sabe como é.

Você não sabe como é ser preto.

Você não sabe como é ter a arma sempre apontada em sua direção, a bala perdida, ela sempre encontra a pele escura.

Experimenta ser preto e pobre, ninguém vai te olhar com bons olhos.

Minha gente foi massacrada, abusada, escravizada, foram mortos e retirados do seio de sua terra.

E hoje, eu ainda tenho que ouvir: "Racismo não existe".

Não meu amigo,

Você não sabe como é ser preto.

Você sabe como me sinto, mas não sabe como é estar na pele que habito.

Manuscritos de Bar

Mais uma garrafa de cerveja gelada, mais uma noite adentro pensando em tudo que aconteceu. Minha vida de doido apaixonado tem me custado caro, doses e doses de vodca barata, não tem feito mais efeito. Sinto falta do teu corpo quente em mim, o cheiro do cigarro impregnado em suas mãos, a incerteza do que somos. Mais uma caipirinha pra ajudar a queimar o fogo que há em mim, quantas doses terei de tomar até te ter aqui? Eu observo as pessoas entrarem e saírem do bar, e eu continuo aqui, com essa cadeira vazia ao meu lado. Ei, você tem um cigarro aí?

Coração fita

Meu coração fita faz laço e enlaça teu corpo nu ao meu corpo nu.

Cada vez mais lhe quero, lhe espero e aguardo teu sim, diante do barulho do mundo.

A ausência da tua companhia me faz buscar-te, querer teu abraço, sentir teu cheiro tomando conta de minhas roupas.

Teu amor ventania me tira do chão, me leva e me faz voar, entre as nuvens me faço pássaro, livre em teu abraço.

Tua boca tem gosto de noite serena e calma, daquelas que traz paz à alma nesse turbilhão que a gente chama de viver.

Menino dos olhos cor de mel, vem se fazer presente e com teu amor me faça decolar nesse céu de fim de tarde.

A veia que pulsa

O amor é rebelde, ele destroça toda a armadura que a gente monta contra ele. Quebra todos os paradigmas e conceitos que você coloca em seu caminho. O amor é grito no silêncio e luz na escuridão, é medo, é reação. O amor é aquilo que você sente quando seu coração pulsa tão rápido que parece que uma bomba vai explodir dentro de teu peito, ele é explosão, só o futuro sabe onde os estilhaços vão se alojar. O amor é correr uma maratona para chegar ao final e perceber que em muitos momentos o seu abraço e o seu enlace é o que melhor lhe cabe. O amor é esse turbilhão de coisas, é olhar de dentro o olho do furacão, é ser o próprio trovão em uma noite escura. O amor pode ser um apagão, que vai lhe ensinar a ver as coisas essenciais, sem os olhos.

Desconhecidos

Dividimos o mesmo plano, algumas ideias parecidas, a vontade de construir um mundo melhor, mas nunca a sagacidade de estar juntos um do outro. O medo cega o amor, a angústia de um novo pensamento e da mudança nos trava diante do desconhecido e, meu bem, o amor nunca foi um conhecido nosso. Prezamos tanto por nossa singularidade, que nunca fomos plural. Nunca nós, sempre eu e você.

Ser indecisão

O que você esconde atrás dos muros que construiu?

Qual o real você, há atrás dessas paredes grossas de tijolos densos?

Você não é o mesmo você, quando está com eles. Quem é você? Qual a sua luta diária? Você luta por algo? Em que e em quem você acredita?

O amor pulsa em seu peito ou apenas teu coração?

Essas são as perguntas que me faço diariamente, após abrir meus olhos. Após ver cada coisa que a luz possa tocar, eu me lembro de que ali antes foi escuridão. Eu me construí, me destruí e me reconstruí, mas eu não sei mais dizer se me perdi ou se me encontrei. Em meio a tantas escolhas, eu me deixo ser indecisão. Eu me deixo sem escolha, pois pensar às vezes dói demais pra mim. Porque eu preciso escolher entre preto e branco, se posso usar listrado?

Combustão

Seu corpo suado encontrando o meu. Suas mãos se perdendo em meus cachos, o tempo para e só há nós dois nessa dimensão que chamamos de hoje.

Sem luz, sem roupas e nenhum pudor. Minha boca encontra sua pele, toda sua eletricidade percorre meu corpo. Teus lábios vão à busca dos meus, você tem gosto de fugir de casa à meia-noite com vodca barata, em segundos a embriaguez toma conta do meu ser, me perco em mim, me acho em ti. Apenas as estrelas podem testemunhar nosso amor, apenas esse chão pode sentir o fogo que nos consome.

Enlace

É difícil falar baixo, quando esse amor grita em meu peito. É difícil ser só, quando meu coração é fita, e enlaça em seu abraço.

Teu sorriso conquista meus olhos e é como uma noite estrelada, cheia de seus brilhos e cometas. Menino é tão difícil ser raiz e ficar rente à realidade, quando sou pipa e deixo meus pensamentos fluírem conforme a brisa leva.

Não é fácil pra ti ouvir esse meu "eu te amo" que gruda no canto esquerdo de teu peito, mas é ainda mais difícil pra mim, que só espero uma resposta, desse seu coração que fez um nó em outro lugar.

Peito Farol

Uma batida na porta foi suficiente, para eu saber que daqui pra frente, isso depende de mim. Forte o bastante, para saber que meu caminho sempre foi apenas meu. Forte o suficiente, para não depender de ninguém, para fazer meu peito bater.

A cama é suficiente para espalhar meu próprio querer, sem teu corpo para aquecer, o meu corpo, cobertor. Rastros de dias que foram rio abaixo, pois em minha bagagem rio acima, o passado é pesado demais. Sempre serei grato pelos dias de luz, porém serei mais ainda pelos dias escuros, onde encontrei a luz que brilha em meu peito farol.

Entre doses e tragos de você

Com um trago, te trouxe pra perto do meu peito, como naquela noite de fevereiro. Você recostou sua cabeça em mim, acariciou meu rosto e me beijou, mais uma vez.

Com dois tragos e um gole, trouxe mais lembranças de nós, de todas as noites em que eu pude lhe ter em minhas mãos, entre outras que você pode me ter.

Substitui os tragos por doses de você, não me imaginava bebendo de novo dessa fonte e agora me vejo afogando.

Lembrança

Sabe ponto e vírgula?

Talvez ele seja meu ponto e vírgula, e talvez ele não seja nada, só aquela noite ou apenas aquele domingo, mas se ele for a minha vida inteira, eu ficarei feliz e se não for, tá tudo bem.

Pois, eu terei a melhor lembrança da minha vida, porque ele é simplesmente a melhor pessoa que eu já conheci e eu só quero conhecer o mundo inteiro com ele, só isso e que o para sempre dure enquanto durar.

Só pra constar, gosto de pizza.

Azeitonas

Você aí que está esperando a pessoa perfeita, o encaixe correto da peça do teu grande quebra-cabeça. Não existem pessoas perfeitas, algumas chegam perto disso, tipo Gal Gadot e eu, mas ela não escreve textos fofinhos como os meus e eu não tenho aquele sorriso lindo e nem interpreto a Mulher-Maravilha.

A vida é um quebra-cabeça complicado, e nós vivemos procurando o encaixe perfeito, se não é como desejamos, vai direto para o descarte, não nos damos uma chance, não estou dizendo que você deva ficar em um lugar que você não se encaixa ou em um relacionamento, jamais, porém precisamos dar uma chance para as oportunidades que nos são dadas.

Conexão e amor à primeira vista podem acontecer, mas nem sempre será assim. Já encontrou alguém e o "Santo não bateu" e logo depois de um tempo essa pessoa se mostrou diferente daquele conceito em que você a colocou?

Em muitos momentos você acha alguém exatamente como você deseja sua "alma gêmea", ela pode estar fazendo o mesmo que você, procurando alguém nos moldes dela e esse alguém pode não ser você.

Isso não é um pedido do Subway, onde você procura exatamente o recheio que deseja provavelmente você vai pedir um lanche sem azeitona e com o dobro de queijo e vai vir com o dobro de azeitona e você vai aprender que azeitona pode ser uma boa opção.

A vida pede novas coisas, a vida pede mudanças e só ira acontecer com você, se você se deixar levar.

Meu tempo

Hoje quero terminar meu dia nesse escurinho. No aconchego do meu abraço, do meu enlaço, que sei que posso confiar. Não quero levantar dessa cama para fazer nada, só quero ver mais um episódio de Friends. Ei você, não me pergunte se quero sair ou jantar, pra começar, eu nem sei escolher, não sei fazer isso rapidamente.

Estar em silêncio não significa que estou mal, só que estou pensando em como arrumar essa bagunça. Sei que, às vezes eu preciso de tempo pra me "reconhecer", me reaprender e me acostumar com as coisas. Eu tenho meu tempo, meus gostos e meus momentos. Tem coisas que quero pra ontem, outras que quero só pra depois. Então, se não for pedir muito, me deixe aqui, me deixe estar, me deixe deitar e pensar nas minhas coisas.

Morrer de amor

"Ninguém nunca morreu de amor" eu disse.

Como decifrar e encarar essa frase? Quantas vezes eu já pensei que estava morrendo de amor e só estava com fome. Já senti a eletricidade de outra mão tocando a minha, amei sentir isso, mas não era amor.

Então, como morrer de amor e mesmo assim continuar vivo? Se morrer por alguém, você deixa de existir? O que cargas d'água é morrer de amor? É entregar teu amor de peito aberto, é estar ali "Na saúde e na doença, na riqueza e na pobreza, por toda a minha vida". Como podemos encarar essa frase, sem ter pelo menos umas doze crises de ansiedade e um colapso nervoso? Afinal de contas o que é o amor?

No tempo

Não dá pra forçar e se fazer sentir algo que não dá para sentir. Eu cheguei cedo demais pra você e você chegou tarde demais para ser o que eu precisava.

Enquanto você bebia todos os copos de vodca que você tanto queria, eu me olhava por dentro e me reconhecia. Eu cresci muito nesse tempo, estar sozinho me fez gostar de estar comigo.

No momento que você percebeu que precisava se estabilizar, eu já não queria mais. Eu queria aproveitar mais desse doce desejo que me foi apresentado.

As ruas não se cruzam mais, as esquinas já não se abraçam, meu sol brilha mais forte, minhas manhãs cada vez mais intensas. Nessa dança, eu vou me deixando levar, suave.

Ei você

Quarta, fria e gelada, alta madrugada, 1:59 da manhã.

Eis-me aqui, perdido nessas coisas que você escreveu, sempre me perguntando sobre quem é. Eu não sei o que realmente deixei em você, se um dia você realmente se sentiu amado, sentiu sorte de estar ao meu lado. Ei você, que não dá a mínima pra mais um dos meus clichês, será que essa manhã você acordou e quis me ver? Será que você se lembra daquele seu moletom que eu odiava em você, mas que ficava tão bem em mim? Ei você, que já se foi com mais duas doses e um trago desse cigarro, será que um dia teremos a sorte de nos esbarrar de novo? De nos amar de novo? Será que teremos a sorte daquela cama ao nos ouvir dizer: "te amo"?

Você topa?

Ir juntos ao cinema, assistir a um daqueles filmes clichês que com certeza eu irei chorar no final e você vai me olhar e rir.

Escrever longas cartas, contando os motivos por eu te amar e rir de nossos momentos engraçados. Longos abraços de despedida, com o sorriso de felicidade no rosto e aperto no coração pela partida.

Tirar fotos em lugares lindos, com legendas de músicas que sempre iremos afirmar que foram feitas para nós, com as mãos entrelaçadas, caminhando pelas ruas enquanto o sol nos banha pela cidade.

Ter a coragem de dizer que sentimos falta e que precisamos da presença um do outro. Longas conversas durante a noite e café da manhã com preguiça durante a manhã. Contar para nossos amigos como amo seu olhar e que o seu cheiro me faz pirar. Ter a consciência de que pertencemos ao mundo, fazemos parte do todo, mas podemos dividir nossa caminhada um com o outro.

Dizer: Eu te amo, com a maior verdade no olhar e não ter vergonha de fazer papel de bobo. Se fazer presente nos momentos de tristeza e saber ter a empatia de dizer que tudo vai melhorar. Vibrar nos momentos de felicidade com o outro, pois a vida é feita de alegrias.

Ei, você aí, você que tem gostinho de final de noite, você que tem essa risada gostosa, você que faz meu mundo girar e parar quando te olho nos olhos, se não for pedir muito, passe lá em casa esta noite, pra eu poder lhe dar todas as coisas mais lindas do mundo e pra poder te cantarolar músicas de amor.

Olhos de ressaca

Olhos que procuram apoio. Olhos que fitam e te provam aos poucos. Olhos sutis e com certo tom de fragilidade. Eu poderia descrever teus olhos como Machado de Assis descreve os de Capitu "Olhos de ressaca", ressaca aquela das ondas do mar, que puxam com velocidade e força tudo que esteja na orla. Digamos que teu olhar me suga, me puxa e me tem toda a atenção, a tensão do momento. Como se não bastasse o teu olhar, temos vários outros atributos caóticos, como: esse teu sorriso de lado, que deixa tuas bochechas coradas, o teu cabelo que ora esconde o teu olhar ora o revela sedutor e instigante. Podemos dizer que há um abismo entre nós, podemos dizer que ele seja profundo o suficiente para destroçar todo o meu querer, só tem um problema eu amo quedas.

Primeira última vez

A luz reduzida da enorme sala, os passos sutis na escada para não acordar ninguém, o calor produzido pela adrenalina do momento, a receita perfeita para uma noite.

Eu senti como se fosse a primeira vez, segurei suas mãos, dançamos sob aquela luz amarelada, você colocou sua cabeça em meu peito, meu coração acelerou mais uma vez.

Seu cabelo caía perfeitamente sobre seus ombros, suas bochechas rosadas ficaram rubras com meu toque, teus lábios suaves tocaram os meus, meu corpo se eletrizou.

E pela primeira vez, eu senti que seria a última vez que eu me apaixonaria.

Troca de pele

Em muitos momentos é necessário se desfazer de sua pele velha e desgastada. Para continuar vivendo normalmente. Para enfrentar um novo momento, um novo processo em sua vida. Se desfazer de seu exoesqueleto, criar uma nova forma, passar pela ecdise, deixar um passado que não é mais seu, que no momento é pesado e já não lhe cabe. Algumas pessoas mudam, pois estão crescendo, outras porque precisam de um novo casulo ou um novo disfarce, para fugir de velhos predadores.

Nunca foi amor

Depois de o nosso crime ser consumado,
Eu me deitei, pertinho de ti, bem ao teu lado.
Fiz do colchão alheio, nossa morada
E ali no meio disso, fiquei chocada.
Talvez, isso fosse amor,
Mas algo em mim era só dor.
Eu não quero ser o que você quer,
Quero que você queira me ter.
Por quem sou,
Não pelo passado que deixou.

Os clichês em você

Eu vi você chegar, exatamente como no meu sonho, esperei muito tempo por esse abraço, nossos corpos se encaixam perfeitamente, como se eles fossem feitos para ficar próximos.

Teus olhos falam mais que tua boca, o formato deles me fascina, a cor e o brilho que moram neles.

Você é inteligente, coloca sempre tuas palavras no lugar certo. Eu aprecio a suavidade de tua voz, tuas piadas com minha risada exageradamente alta.

Você parece que saiu de um daqueles livros que eu amo ler, você tem todos os clichês em um único *baby boy*, teus cachos caem perfeitamente do topo de sua cabeça.

Você combina suas roupas, como alguém que sabe o que quer usar. Você é compreensivo, sabe ouvir e fala as coisas certas, nas horas certas, é como se você soubesse sempre o roteiro da conversa.

Seu ombro abrigou minha cabeça por muito tempo, teus braços envolveram meu corpo de forma desajeitada, essa cena foi melhor que eu poderia imaginar.

Sabe o que é engraçado? Demoramos cinco meses para nos conhecermos pessoalmente, para eu poder perceber que eu já havia me apaixonado por você, por teus gostos, pelos teus jeitos, pelas suas composições e pela forma como eu me sinto junto de ti.

O caminho é longo, não precisamos de rótulos, não precisamos de pressa, a gente só precisa de tempo, algumas músicas boas e um café.

Como lidar com a liberdade que ficou?

Eu costumo ficar sozinho, costumo não precisar de nada e nem de ninguém, mas eu preciso tanto de você, eu queria muito que você precisasse de mim também.

Parece muito mais fácil pra você, não ligar, não se importar e sair por aí distribuindo seu querer para todos os cantos, pois é assim que uma pessoa livre deve agir.

Às vezes meus demônios falam comigo, eles falam bastante sobre você e sobre a bagunça que ficou seu cheiro, teu beijo e a forma como dilacera minha alma te ver seguindo seu caminho.

Você depositou um medo em mim, um que eu nunca tive, o medo de dar certo, medo de as coisas serem como eu realmente quero, pois você só me ensinou que elas dão errado e nunca são como eu realmente quero.

E mais uma vez,
eu escrevo sobre o amor

Abaixo do pôr do sol. Nossas mãos coladas, temperatura amena, mas aqui dentro sinto o calor da paixão. Quero teus lábios, teus sabores, teus mistérios, teus dramas e teu coração. Você é meu mantra, antes de dormir, minha última oração. Quero ouvir você gritar meu nome, nós podemos ser os melhores amantes. Tipo, Romeu e Julieta, nosso amor pode ultrapassar fronteiras, pode ultrapassar as linhas do tempo. Não quero que tenhamos uma receita, uma rotina ou até mesmo um padrão. Quero descobrir o mundo com você, quero ver os melhores lugares e sentir que em mim mora o melhor dos amores.

Tentando

Eu sou sensível. Desde a pele sobre meus ossos, até o coração sob eles. Tudo aqui sente o lado daí, às vezes eu não compreendo, mas sempre tento. Talvez seja demais para um ser só aguentar. Talvez meu corpo seja mais frágil que eu imagino. Mesmo assim ainda estou de pé tentando.

A liberdade e o caos

Eu sou simples de se ter. Não tenho muitos truques, nem muitos mistérios para serem desvendados. No máximo posso lhe oferecer minha mão, algumas poesias e esse meu coração, todo cheio de cicatrizes. Não, amor, não tenho belos olhos, nem o corpo escultural que você conhece em outros caras, mas eu sei que posso lhe mostrar a liberdade de ser você mesma. Não sei fazer café, mas faço um bolo bem bom, não tenho uma mansão, nem mesmo uma quitinete, tenho um lugar aconchegante onde nossos corpos podem repousar. Saiba que se eu tiver a chance, direi que seu sorriso é lindo e o quanto amo o teu cabelo, desse jeitinho que ele é. Eu sou a liberdade em forma de caos, mas sei que posso te dar um bom enlace.

Sou seu

Suspiro, meu pensamento lhe acompanha, ele vai até onde teus pés caminham, até onde tuas mãos tocam, até onde teus olhos enxergam o horizonte.

Suor, calor da pele escorrendo em pequenas partículas, resfriando o ser de fora pra dentro.

Segredos, aquilo que deve ficar guardado, calado e apertado, debaixo de sete chaves, que se deve levar ao túmulo.

Seu, é o que me faz suspirar, o que me faz te buscar, suor é o que escorre em minhas mãos, toda vez que eu penso em você, segredo é aquilo que eu não quero que nosso amor seja.

Aquela velha história sobre pertencer

Eu acordo e penso se eu já passei pela sua mente hoje. Eu sei que tenho que esperar o seu tempo, mas nessa manhã eu só quero lhe dar meu melhor sorriso, você me tem em suas mãos facilmente, você pode me chamar de teu e me fazer lhe pertencer. Em um quarto escuro, seus olhos me guiam, diante da escultura que é você. Tuas mãos nas minhas, encaixando e suando, aquecendo todo o nosso corpo. Já não dá pra fingir e mentir, eu não quero apenas sua amizade, eu te quero aqui, por dias e dias. Nunca fui desse que deixa ir embora ou que espera e demora.

Dengo

Eu gosto de doces começos. Sutis. Quentinhos. Tipo café da tarde com a família, com várias coisas na mesa, com sorrisos sinceros e conversas agradáveis.

Eu posso ser estranho e gostar de tomar sorvete no inverno e chá no verão, mas eu jamais irei mentir pra você ou contrariar um sentimento que possa estar escrito em meu rosto.

Eu sou tipo pudim, docinho e molenga, me desmancho em sabores e em muitas vezes você pode ouvir os sininhos e explosões, tipo quando o Rémy dá queijo para o irmão dele experimentar em "Ratatouille".

Em muitos outros momentos eu posso ser só a explosão, só a combustão, posso lhe fazer se sentir dentro do olho do furacão, nesses momentos é bom você apenas me abraçar e podemos viver o caos.

Embaçado

Você já deve saber que ele odeia que o acordem aos berros e com barulhos truculentos? E que ele ama acordar de madrugada e correr pra cozinha pra comer qualquer coisa, seja cereal com leite condensado ou paçoca com leite.

Ele gosta de ouvir música o dia todo, às vezes até pra dormir, certa noite ele me contou que achou um álbum com barulhos de chuva e o ouve para dormir, pois o acalma, ele é assim, nunca sabe na real o que quer, mas ele sempre quer algo.

Gosta muito de abraços, gosta de dormir junto, mas sempre dorme coberto. Ele gosta de dormir mesmo, às vezes só dormir, em outras vezes fica roçando o corpo em você, se ele fizer isso, se prepare vai demorar um pouco pra vocês dormirem nessa noite, porém depois disso ele vai querer que você o abrace, ele gosta de sentir o coração batendo juntinho ao seu, sorria, o beije e dê boa noite. Ele vai se sentir muito agradecido.

Pelas manhãs, sorria de novo, o chame pra ir a qualquer lugar, ele gosta de companhia, mas nem sempre, algumas vezes ele precisa do seu próprio tempo, nesse momento o deixe, mas não muito solto.

Mande fotos espontâneas, fotos da lua, do sol, do seu café, de você. Mande mensagem falando de seu dia, de suas experiências, que você o ama, fale algo, qualquer coisa, ele ama isso.

Ouça quando ele contar suas histórias, ele tem muitas, ele irá lhe escrever textos e textos, diga algo sobre ele, não apenas diga sobre a gramática, diga de verdade o que achou, ele ama sinceridade e intensidade.

Ele sempre ama gente de exatas, mas é tão de humanas que se puder soma $2 + 2$ na calculadora, e essa conta na cabeça dele às vezes dá 5.

Ele vai adorar ouvir você falar sobre física, matemática, química e todas essas coisas que ele mal compreende, porém que o fascinam, pois são tão diferentes das coisas que ele vê no mundo dele, que é só dele.

Meu querido, ele me amava, muito. Se um dia ele te amar assim, fique, abrace e o beije, com todas as suas vontades e forças. Ele é furacão em dia de sol, ele é a própria tempestade em copo d'água.

Eu poderia lhe contar milhares de outras coisas que ele faz e que você já conhece, mas seria só mais um momento de nostalgia de momentos que não vão voltar.

Guerra de corações partidos

Tudo virou uma guerra, cada um escolheu o seu lado, apostos, suas palavras são as armas utilizadas, você as enche de mentira e atira pra todo lado.

Será que você consegue enxergar onde está nos levando? Você escondeu todos os seus crimes debaixo do tapete e agora resolveu revirar eles, jogar tudo pra cima e apontar um culpado, pois essa culpa é pesada demais pra carregar, sozinha. Você nunca vai aprender, pois nunca se arrepende de nada, sempre está correta em teus caminhos sombrios e estreitos.

Me acusar de algo parece algo mais fácil pra você, afinal a culpa você coloca onde melhor lhe convém, a cada momento você recruta uma nova pessoa para o seu exército de mentiras. Olhe para trás e veja o que acha além de um amontoado de corações partidos. No final dessa guerra, quem é que ganha? Se todos estão mortos.

Quero tanta coisa com você

Você não é do tipo que manda áudio, às vezes eu só queria ouvir tua voz no final da noite, quero saber como é o som da sua risada. Quero lhe dar o teu tempo para achar o que quiser dessa situação, porque eu já me perdi nessa história toda. Quero suas mãos tocando meu corpo, mas também quero elas entrelaçadas nas minhas. Quero ouvir suas piadas pela manhã. Quero que me conte como foi teu dia. Quero saber sobre as aulas chatas de física, que pra você parecem tão empolgantes. Quero que me beije lentamente, porém com vontade, que nossos corpos se encaixem e que fiquem em perfeita harmonia quando estivermos apenas deitados, quero saber se você dorme de barriga pra baixo, se abraça algo pra dormir. Quero lhe conhecer, quero comer com você ou ver TV, quero simplesmente estar com você, descobrir o mundo e novas possibilidades dentro dele, mas pra isso, preciso te achar primeiro ou quem sabe você me acha primeiro.

Enfrentando as batalhas diárias

Eu estava caminhando mais um dia até o ponto de ônibus, coloquei a música para tocar, como faço todos os dias. Em meio às luzes dos carros e o som das engrenagens, minhas lágrimas começaram a cair, um desespero súbito tomou conta de mim, tentei me segurar. O ônibus chegou e eu entrei, sentei no mesmo banco de costume, minhas mãos sob minha bolsa com meu livro em cima, a cada momento minhas lágrimas aumentavam sua frequência, meus olhos pareciam uma cachoeira. Minha cabeça começou a se pressionar para baixo, minha respiração foi ficando cortada, o ar não chegava mais aos meus pulmões, dentro de mim havia uma voz, mais forte que eu, ela gritava para eu desistir, ela era forte, potente e autoritária. Eu me sentia tão pequeno.

Meu corpo foi afundando naquele banco, depois de muito tempo percebi que havia alguém sentado a meu lado, nesse momento, o desespero ficou maior, minhas mãos começaram a suar, eu queria correr, mas não tinha controle sobre meu corpo, eu queria gritar, mas minha voz não saía. O ponto chegou, eu precisava descer, mas estava com medo. Desci do ônibus em meio à avenida escura, os carros passavam, eu não conseguia enxergar direito.

Caminhei até a minha casa, precisava de alguém, precisava de algo, eu só conseguia chorar, dentro de mim um longo vazio, dentro do quarto parecia que eu estava dentro de mim.

Pra você

Não é que eu precise, eu só quero continuar lendo suas piadas. Algumas vezes acho que está na minha natureza sempre me divertir e ocupar espaços que tenho em mim. Mas você é uma incógnita pra mim, você usa aqueles xingamentos com cara de apelidos carinhosos, você é todo correto com suas coisas, eu sou um caos ambulante. Repetimos o nome, o curso, mas não a história. Eu adoro ver seu rosto em fotos novas ou não, seus vídeos são engraçados, pois você é todo sem jeito, teu sorriso, todo tímido, mas você tem uma coisinha que me faz querer mais e mais.

Não existe nada realmente claro nessa história, não é como se eu gostasse de você, eu gosto mesmo é do sentimento que eu inventei aqui.

Minha mente viaja, eu imagino uma cama enorme com lençóis brancos envolvendo teu corpo, eu sei que fui a um ponto distante, mas você me faz querer viajar milhas pra lhe encontrar, só para ver pessoalmente teu sorriso. Eu quero participar de suas festas, de tuas histórias, de tuas manhãs, mas não quero fazer morada e nem firmar algo. Quero curtir com você, quero que possamos aproveitar o máximo de nós e fazer as melhores memórias.

Na manhã seguinte você prepara um café e a gente curte a preguiça, você com teus cálculos e eu com meus textos cheios de momentos nossos.

A jornada do amor

Andei pelas ruas, como as estrelas passeiam no céu, ouvindo as músicas que aquecem meu coração. Fitei cada flor que havia no caminho, aquelas que foram deixadas no chão, aquelas que o vento soprou para longe de sua árvore, aquelas que foram entregues para pessoas amadas e aquelas que simplesmente foram desperdiçadas.

Atentei-me a olhar para as pessoas que estavam no meu caminho, os olhos que me encaravam diziam muito sobre as pessoas ou me faziam viajar para dentro delas, é como dizem: "os olhos são as janelas da alma". Há muito tempo eu não olhava para as pessoas e as via dessa forma, pois os meus dedos conversavam mais que os meus lábios, meus olhos avistavam mais fotos editadas do que olhos que falam por si só.

Ao final de minha pequena jornada, eu encontrei alguém especial, recebi um abraço apertado, com gostinho de saudade, com gosto de "fica para um café".

Terminando minha andança eu ouvi dos teus lábios palavras sinceras de quem quer permanecer e fazer morada, pois foi aí que eu percebi que se relacionar vai além de datas, vai além de frases roubadas da internet, vai além de conexões rápidas, elas dependem de sentimentos para perdurar.

Para meu futuro amor

Olá meu querido(a), eu vou ser sincero, não esperei tanto quanto deveria, foi um caos antes de você chegar, a bagunça foi grande por aqui!

Tenho gostos bem reservados, não gosto que invadam meu espaço, tenho o meu e você tem o seu, devemos respeitar isso, tenho amigos e amo muito eles e desculpa se eu tiver que escolher entre você e eles, eu sempre escolherei eles.

Você vai ter que aprender, que às vezes eu quero, às vezes eu não quero e se eu quiser eu farei. Gosto do meu café quente e do meu chá gelado, gosto de chocolate branco, mas aprendi a gostar de chocolate ao leite, adoro McDonald's, mas eu prefiro um bom lanche do Subway, prefiro suco, não muito doce, pois me dá dor de cabeça e refrigerante me deixa inchado!

Gosto da minha cama bagunçada, gosto de cozinhar e não curto que me ajudem na cozinha, a não ser que você queira lavar a louça.

Sempre serei o mais sincero possível com você (às vezes sou rude, é meu jeito mula de ser), vou gostar de mexer no seu cabelo, mas nem sempre gosto que mexam no meu. Tenho um estilo conturbado de roupas, não sei te dizer de onde vêm minhas inspirações. Tenho pensamentos negativos às vezes, choro por motivos simples e tenho marcas que o tempo nunca irá apagar. Meu amor, sou um pouco complicado, mas no tempo que estivermos juntos, serei o meu melhor para você e não tente me prender, pois não pertenço a você, mas se você quiser realmente me ter, embarque em minhas viagens e poderemos ser felizes!

Com carinho,
Eu mesmo!

Seguindo em frente

Eu te conheci de dentro pra fora, me apaixonei por sua alma, por todo o teu coração, fiquei apaixonado pelo jeito como tocava meu cabelo, a doçura que havia em teus beijos e em como você sempre se preocupou comigo.

O mundo nunca foi um lugar muito sutil e gentil, mas ao seu lado as coisas ficaram mais simples. Era eu e tu contra esse amontoado de gente, enfrentando e batendo de frente, acreditando em nossa verdade. Você pegava em minhas mãos pra mostrar que estava ali, me olhava nos olhos me fazia sentir toda a paz de estar vivo.

Você acreditou em minhas loucuras, mesmo quando elas nem faziam sentido pra ti, você as sentia dentro do seu íntimo, acreditava em mim.

Mas, meu bem, as coisas não são tão simples assim, a vida dá uma balançada muitas vezes, o vento é forte leva muita coisa, a água da chuva lava e limpa, porém faz algumas coisas desaparecem e irem para longe. Algumas coisas exigem um recomeço outras um perdão, mas para todas muito amor para seguir em frente.

A você que se foi

Nunca segui um padrão, meu corpo nunca foi o mais lindo, não tenho os melhores traços, nunca sou a primeira opção, mas dentro de tudo isso, eu fui tua escolha.

Você me fez ver o melhor em mim, fez a bagunça de dentro parecer apenas um lugar quentinho para deitar quando estávamos cansados, fez meus olhos brilharem quando a noite chegava, me fez ver minha melhor versão, que é apaixonada pela vida e por fazer os outros viverem suas maiores experiências!

Você me levou a lugares dentro de mim que eu não sabia que existiam, desde os melhores aos piores, fez eu me conhecer de verdade, você foi o peito onde eu encostei minha cabeça pra dormir, você era a parte que eu abraçava durante o meu sono, quem me protegeu dos meus pesadelos, dos piores.

Você foi a pessoa que eu imaginei entrando pela porta da sala, enquanto eu segurava nossos filhos em meus braços, você foi a pessoa que eu vi caminhando até o altar, dizendo o nosso sim, para sempre. Para sempre é muito relativo, para sempre pode durar um segundo, para sempre pode não durar.

Calendário

Hoje eu traguei você, eu carreguei você em meus pulmões mais um dia.

Domingo é aquele dia que carrega o peso da semana que passou e a expectativa da que começa, traz toda a esperança de um recomeço o anseio de ser melhor, mas muitas vezes você não anseia, não recomeça e nem tem esperanças.

Abrir o coração para mais uma semana lhe dá medo, você não sabe qual será a primeira bala que irá lhe atingir, qual a primeira bomba irá estourar perto de seu corpo, você ainda está retirando de si os estilhaços da última explosão. Ninguém entende o que se passa por aí, ninguém sabe o que aconteceu por aqui.

Segunda bateu vontade de ser feliz. Terça você foi forte. Quarta deu vontade de sentar naquele mesmo lugar. Quinta você se segurou para não mandar mais uma mensagem. Sexta era a vez de ter aquele abraço.

Sábado você chorou e perdeu o controle. Domingo, deitou em sua cama e não fez nada o dia todo.

Essa benção de não saber o que vai acontecer a cada dia, qual será a nova surpresa, em qual cama irá acordar e qual a boca que você vai beijar, me parece mais uma maldição.

Fim ou recomeço?

Como explicar o inexplicável?

Conexões, encaixes, é como brincar de lego e construir coisas a partir de blocos, que estão perfeitamente encaixados.

É como se você conhecesse minha alma, como se desvendasse meus mistérios, como se toda a minha "receita" estivesse em suas mãos, sou precipitado, sou intenso e apressado, mas desde que te vi, quero te dar um abraço, eu nem realmente te vi, mas vamos encarar esse fato como uma realidade.

Eu imagino sua risada, sem nem te conhecer de verdade, eu gosto do seu cabelo, pois ele é simplesmente bonito mesmo, seus olhos têm verdade, eles penetram na minha alma de forma inexplicável. Os olhos que eu jamais deixei me olharem diretamente, por medo, só hoje eu pude entender o porquê desse medo.

Atrás dessas paredes

O tempo de forma cruel nos dilacerou, a maldade do mundo separando corações que um dia foram tão quentes, tão crentes em um amor idealizado sob esse teto de madeira.

Acima de nós havia somente as estrelas, promessas de uma vida juntos e Deus, ao nosso lado uma árvore que já não existe mais, abaixo de nossos pés algo tão duro quanto nossa atual realidade, o chão.

Em um tempo tão frio, desejo teu corpo aqui, para aquecer o que já não é tão quente, minha boca tem o sabor da tua gravada, nenhuma outra conseguiu substituir, teu corpo colado em mim, tuas mãos viajando nas curvas do meu corpo, tão louco.

Ninguém sabe como é, ninguém nunca ouviu tua voz me chamando, ninguém viu nossos sorrisos se encontrando em um lindo beijo, ninguém viu nossos corpos se encaixando como um quebra-cabeça (talvez alguém tenha visto), ninguém sentiu teu abraço como eu senti, ninguém sabe sobre nossos sentimentos, sobre quantos "eu te amo" foram lançados por nossas bocas, pois sempre foi nosso. Essas paredes guardam nossos momentos mais íntimos, esses lençóis mantêm o nosso cheiro, esse teto guarda nossas promessas, esse coração apenas bate, às vezes por você.

Corpo

Encaixa
Cola
Sua
Soa
Ecoa.

Corpo tão misterioso, chocante, diferente, gritante.

Alguns têm vergonha, outros não, padrões a seguirem em uma ilusão.

E a gente carrega o medo, dentro dessa carapaça madura, a gente finge que não sente que não se preocupa, e faz dos espaços vazios do corpo, lacunas preenchidas.

E a gente deixa alguém entrar, fazer uma bagunça e fugir, a gente se expõe e o coloca na banca, só pra repercutir.

Na internet, mostra o corpo, para chamar atenção, para ter curtidas (sim ou não). Novos seguidores que conhecem teu corpo, que o desejam, novos seguidores que o querem, que o tocam.

O corpo casca tão frágil, com um sopro se desfaz, vira pó, corpo belo e escultural, às vezes todo natural.

Esse meu corpo, todo marcado pelo teu passado.

Esse corpo que sustenta e protege a alma, a acalenta.

Confusão

Eu não tenho o português tão rebuscado, para escrever algo, só saio escrevendo as coisas que me vêm em mente, como diria Bruna: "Fluxo de consciência", como eu diria: "Sentimentos ao vento".

Tenho vivido sentimentos que não esperava ter novamente, ser sacudido por novas notas, por novos arranjos, por palavras suaves e tão profundas.

Ao mesmo tempo sinto meu corpo se desprendendo de algumas coisas, meu corpo resolveu seguir um movimento, pois a vida faz mais sentido quando tem movimento. Vozes confusas em minha mente me dividem entre dois sentimentos tão sutis, "o ficar e o ir da gente", como diria Plutão já foi planeta, tão difícil ir quando você quer ficar, porém com uma voz tão sutil e agradável como essa, a gente vai. Porém, como lidar com esse sorriso que sempre iluminou minha escuridão, tão atrapalhado e desesperado quanto eu, outro tão calmo, organizado, calculista, porém quente, quente como o sol que queima nossas peles no dia a dia. Caros leitores, não eu não sei lidar com as partidas que a vida nos faz enfrentar, porém as chegadas, doces chegadas tão fáceis de conduzir, de receber, porém pensemos: Quem se vai, um dia chegou. Quem chegou um dia pode ir. Porque eu me sinto indo, me sinto deixando, com sentimento de quem quer ficar.

Salsa na horizontal

Eu sei que não te amo, mas de vez em quando tenho vontade de arrastar você para essa cama e te amar a noite toda, sujar esses lençóis brancos, tá bom, isso não tem nada a ver com amor ou tem? Não ligo para a resposta!

É meio louco como você pode mexer comigo dessa forma e logo depois me fazer te odiar, minha mão viaja na vontade de contornar todo o seu corpo, é uma ideia marota e gostosa de ter!

Eu sinto necessidade de te beijar, beijar todo o seu corpo, te explorar como ninguém nunca fez, sinto falta dos beijos sedentos de vontade e prazer (na minha casa ou na sua?).

Às vezes me sinto um pouco promíscuo por ter esses pensamentos, mas isso não é de todo mal, eu imagino nossos corpos em uma dança perfeita no chão, na cama, no balcão da cozinha, no sofá, na mesa e em todos os lugares possíveis.

Eu sei que terminando tudo isso vamos discutir deitados na cama sobre como foi errado pra caralho o que fizemos e vamos nos arrepender por 5 minutos e a vontade de fazer tudo de novo vai voltar!

A minha vontade é de te morder da orelha até o dedão do pé, com vontade e desejo, nada de calma, mas nada muito rápido também, digamos que algo selvagem e duradouro. Esses são meus instintos gritando para você o quanto eu te quero aqui, para sempre? Talvez não, pois é muito tempo, por hoje já me basta, só por essa noite.

O segredo que o tempo tem a nos dizer

É tão engraçado como a gente começa a entender o tempo com o tempo, tudo parece longe e ao mesmo tempo tão perto. O gosto do desejo de fazer tudo, como se o mundo lhe pertencesse em diferentes modos e o teu sentimento é grande demais pra esse pouco de coisa que lhe é oferecido. Debaixo de todas essas roupas e essa casca que a gente cria, há um universo inteiro de lindas flores e constelações criado para lhe fazer enxergar a vida, menos bagunçada e mais iluminada. Fala-se o desejo, cala-se o amor.

Tragando minha vontade de você

Entre uma música e outra, nós nos olhamos e trocamos várias palavras, jogando-as ao vento. O sol da tarde ensolarada dessa cidade banhava nossas vidas e fazia com que tudo tivesse um bronzeado especial. Junto de minhas mãos, eu queria segurar o que apenas você poderia me dar, há quem diga que o cigarro possa ser apenas uma metáfora, porém aqui ele expressava toda a minha vontade e desejo, de ser sempre mais. Meus lábios seguravam o cigarro, entre um trago e outro eu observava, o lindo castanho do fundo de seus olhos, todo esse mel que saí daí! Eu sei que as coisas estão meio bagunçadas aqui, mas podemos aproveitar só mais um cigarro?

O deleite de estar sozinho

Tarde ensolarada, um café em meio a risadas, livros e músicas. Você não precisa depositar todas as suas esperanças e anseios em alguém, as pessoas não merecem essa pressão e você não merece esse desprezo. Olhos fechados, olhando para dentro, encaixando no lugar todos os sentimentos, de dentro as coisas parecem ruir e por fora muitas vezes finge estar aqui. Mas, meu bem, um café, não precisa de cafuné, ele por si é um carinho, com creme ou com leite, desfrute de sua companhia e se torne seu próprio deleite.

Fui nó(s), sem laço

Eu estava sendo singular no nosso plural e depois disso, peguei minha singularidade e transformei em plural. Transformei-me, em nós. Sinto sua falta, sinto falta do seu cheiro, dos teus Beijos, da tua mão em meu cabelo, das suas piadas, dos teus abraços enlaçados.

Mas, sabe, sinto falta de mim e eu não sou isso aqui, minha vida não se resume a isso. Não sou nós. Eu sou eu e assim será. Se por algum acaso ou ironia do destino você voltar, a porta talvez esteja trancada.

Meu arsenal de clichês

Na vida sempre buscamos um sentido para algo, às vezes damos sentido a coisas que antes não tinham sentido e às vezes apenas sentimos o sentido das coisas. Desde sempre precisei de uma razão na minha vida, pra mim todas as coisas precisam ser explicadas, sentidas, experimentadas e vivenciadas.

Mas, quando você chegou, uma grande interrogação na minha vida, entrei em colapso nervoso, as peças não se encaixavam totalmente, os lados do nosso cubo mágico nem sempre eram perfeitos, alguns lados pareciam não se encaixar nunca, no meio da sua bagunça eu me baguncei pra tentar te decifrar, mas tudo em vão, talvez seja porque tenho medo de saber o que há por trás.

Todos os dias penso na sua frase: "Acho que em outra vida nos conhecíamos", o que pode ser real, não que eu acredite nisso, só que é engraçado pensar que já nos conectamos de alguma forma, mas pessoas são ligadas por algum motivo e como sempre quero saber o porquê da nossa e o porquê de ser nós, você poderia estar com qualquer pessoa, mas por que eu? Por que aqui? Por que agora? Nossa conexão foi de certa forma rápida, de certa forma voraz, pois você me consumiu como se fosse uma brasa em pouquíssimo tempo, suas ideias são meio complexas, mas eu adoro admirar a forma como teus pensamentos me rodeiam, como tua vida muda repentinamente.

Acho que fomos feitos para ficarmos juntos, pois "Teu jeito rima com o meu", acho tanta graça em te ter aqui, em te ver aqui, te ver em mim, sabe aquelas conexões que vão além de corpo chegam à alma? Às vezes sinto isso em nós.

Sempre penso em canções que te cantaria (e te encantaria) e nas legendas de nossas fotos (loucura né?), para onde iríamos, um passeio no parque, suas risadas ou minhas risadas junto com o som das tuas, você chegando em casa pela manhã, só pra me acordar (na verdade não faça isso), penso muito em como seria lindo te ver ir embora, com o sentimento de querer ficar mais, enrolando no meu abraço (parafraseando Anavitória). Imagino também como seria vendo você e meu pai assistindo à final dos jogos do Santos, os dois angustiados e nervosos enquanto eu e minha mãe damos risada da cara de vocês ou como seria nosso texto de aniversário de namoro, "penso em um futuro com você e não parece incerto" "Eu te odeio por te amar". Eu simplesmente tenho uma vida em meus pensamentos com você, teu cheiro, teu jeito, teu sorriso, teus abraços, teus beijos, teu nó em nós!

Não sou

Eu não faço parte de suas refeições, não sou como a carne do seu almoço, que você destrincha, destrói e corrói todo sabor e todo o saber. Não sou um doce sorvete de verão, que você suga todo o néctar para se refrescar e se satisfazer, não sou como um bolo de festa que você come o recheio e saboreia o chantilly e joga o resto no lixo. Não sou como as folhas que você usa como rascunho, depois rasga e despreza, não sou como teus desenhos e textos que você apaga, muda e refaz. Não sou como as pessoas que você beija, boca por boca, coletando suas salivas e deixando o teu sabor em suas bocas. Não sou como as flores que você corta quando florescem e usa para se enfeitar, para presentear alguém, arranca pétala por pétala para fazer o caminho mais bonito.

O silêncio na escuridão

Uma parte minha se sente bagunçada e bem lá no fundo ela grita, no escuro de meus pensamentos, ela pensa em como você me fez sorrir, em como você me fez ver minha própria verdade. Essa mesma parte queria que tudo mudasse que fosse diferente, queria que tivesse dado certo, queria ser suficiente para você. Essa parte queria estar acalentada em seus braços, sentindo teus beijos e ouvindo tuas piadas ruins no meio da noite. Essa parte reza pra que um dia isso seja não apenas minha verdade, mas, a sua também. Minha outra metade me faz ver as coisas com mais sanidade, esses gritos em minha mente são pedidos de socorro, para essa instabilidade que fez morada em mim, ela se lembra de cada cicatriz, cada corte que tive que fazer para lhe arrancar de mim, cada vez que você me fez sentir o sabor amargo de tua vingança em meus lábios, cada você que fodeu meus pensamentos e atrapalhou minha mente. Cada vez que tirou o ar de meus pulmões e me viu esvaecer, perder minha cor, transparecer minha dor, cada vez que chutou e jogou meu coração fora. Essa parte sabe que isso nunca vai mudar.

Nuances do amor

Pensar na plenitude do amor, em todos que você amou ou que deixou de amar, te faz pensar em muitas coisas. Nos momentos que você está aconchegado nos braços do amor coisas vêm em mente, "onde você esteve toda minha vida toda?". Aqueles amores onde tudo parece perdido, onde o nada é cheio de tudo, onde tem não que parece tão um completo e estúpido sim. Você olha e pensa "seria muito difícil ficarmos juntos né?!".

Juras de amor que você faz tendo apenas as árvores e o céu estrelado como teto, alguém a ouvir o barulho de suas palavras batendo no canto de um coração acalentado, seus lábios tocaram tantas bocas, mas tem uma que você consegue sentir o sabor até hoje não é mesmo? Onde está essa pessoa agora? O que ela representa para você? Em toda a sua plenitude o que é mesmo o amor?

Teus dizeres que tomam conta de mim

Foi a primeira vez que eu não fiz algo às pressas, eu realmente não esperava esse tipo de reação depois de meses ruins, onde eu sentia que as coisas não ficariam bem, que nada daria certo.

E foi aí, caro leitor, que eu me surpreendi, em um belo dia você me olhou nos olhos, nesse dia tudo silenciou e o silêncio dentro de mim gritava, gritava que aquilo acontecia, mas não era hora ainda e depois de muitos meses e conversas, eu senti a necessidade de falar que eu gostava de você e em meio ao meu medo, eu soltei um "Eu te amo", na superfície não é verdade, mas no fundo talvez seja! Eu sei que talvez os sentimentos se confundam você não sente da mesma forma que eu, mas um dia tudo se ajeita um café na mesa da cozinha e um abraço à beira-mar. E devo todo este texto a você e a tudo que tem me feito sentir. Pra finalizar vamos encarar alguns fatos: "O amor é como erva daninha, quando você percebe já se espalhou".

A sinfonia do amor

Meia-noite, os passos na escada, meu corpo jogado em sua cama, a porta se fecha, você acende a luz, me olha e me admira, seu corpo fica ao lado do meu, sua mão se enlaça em meus cachos e nesse emaranhado você diz: eu te amo, seus olhos brilham novamente, sua mão desce para a minha nuca, seus lábios encontram os meus, você me morde, sua boca tem sabor de "eu te quero", suas mãos dançam por meu corpo novamente, em um batuque frenético.

Minhas mãos entram por debaixo de sua camiseta, ali tiro tuas amarras, teu celular vibra, o meu também, ignoramos os barulhos externos e ouvimos apenas os barulhos de dentro, nossos corações batem, lado a lado, sua camiseta vai ao chão, você me olha tira a minha, depois de tanto tempo nos conectamos, de forma sincera novamente.

O calor, o ardor, o amor e a dor se encontram como dois carros se chocando em uma colisão, explosão, destroços de nossos encontros se espalham pelo chão, depois desse acidente, quem irá cuidar de nós?

As correntes do tempo

O tempo é relativo ao ser que o vive, ao olho que o vê e ao coração que o sente. Quantos finais você já viveu até hoje? O tempo é uma construção de controle sobre a nossa existência para contarmos quantos milhares de segundos vivemos, em quanto tempo amamos cada coisa ou pessoa em nossa vida. Estamos vivendo um final agora, mas ele pode se tornar o recomeço de um de nós ou a finalização de um dos atos deste grande teatro que chamamos de vida.

É triste quando acaba

As luzes da cidade passam por nós, enquanto você dirige após a meia-noite, me fazendo acreditar que mais uma vez irá segurar minha mão sem medo. Meu coração acelerado juntamente com seu carro. O sorriso em seu rosto me faz derreter, você canta as músicas como se soubesse o que elas significam realmente.

Estou aos pedaços e nem sei como me consertar. Você sente algo quando olha pra mim? Seus olhos gritam, mas sua boca não fala nada.

Meus sentimentos calam a minha razão, me fazem acreditar que é real, quando no fundo sei que não há nada aqui além de espaços nos separando.

Se eu sou apenas mais um que você não irá manter, por que me segura tão forte? Apenas me deixe ir.

O silêncio entre nós é ensurdecedor, minhas vozes gritam dentro de mim, espero que você não ouça. Eu nunca quis dizer que te amo, mas eu sempre senti como se amasse.

Eu queria ser esse tipo de gente que não olha pra trás, só segue seu caminho. É difícil ser oceano nesse mundo de piscinas.